Marbie Stoner

Nordspanien
mit dem Motorrad

Picos de Europa
Pyrenäen
Massif Central

AF139282

Inhaltsverzeichnis

1. Impressum

Marbie Stoner
Rathausstr. 8
63594 Hasselroth

Bildmaterialien im Buch:
Marbie Stoner & George Schmittlein und andere.
Titelbild: George Schmittlein

Tracks: George Schmittlein, unter Nutzung von
https://www.openstreetmap.org

TWENTYSIX – Der Self-Publishing-Verlag
Eine Kooperation zwischen der Verlagsgruppe Random
House und Books on Demand
© 2019 Stoner, Marbie
Herstellung und Verlag: BoD – Books on Demand,
Norderstedt
ISBN: 9783740763183

Bibliografische Informationen der Deutschen Nationalbibliothek:

Die Deutsche Nationalbibliothek verzeichnet diese Publikation in der Deutschen Nationalbibliografie, detaillierte bibliografische Daten sind im Internet über dnb.de abrufbar.

2. Allgemeine Informationen zur Reise

Abb. 1 Von links nach rechts: Ruedi, George und ich.

Zu viert von Hessen und der Schweiz Richtung Spanien, mit einer KTM 1190 Adventure (Ruedi), Husqvarna Zupin Nuda 900 mit Tankumbau (George) und meiner Lady, einer Honda CBF 600 mit bequemer Bagster Sitzbank. Susanna fährt als Sozia bei Ruedi mit.

Vom 08.06.2019 – 28.06.2019.

Kartenmaterial:
Pyrenäenländer, Freytag & Berndt, 1:400.000
Espana Noroeste, Asturias, Cantabria, Michelin, 1:250.000
Frankreich West, Marco Polo, 1:700.000

Reiseführer nebst Kochrezepten:
„Nord-Spanien",Dorling Kindersley Verlag, aktualisierte Auflage 2018/2019. Unbedingt empfehlenswert!

Gefahrene Kilometer: ca. 6.000
Geplante Tour: in zwei Tagen quer durch Frankreich bis zur spanischen Grenze, danach am Atlantik entlang bis zum Naturpark Picos de Europa, zurück gen Osten über die Pyrenäen, unter Mitnahme des Dali Museums In Figueres, nördlich von Barcelona.

Tatsächliche Tour: in fünf Tagen quer durch Frankreich: Champagne-sur-Vingeanne, nordöstlich von Dijon, Le Ancizes Camps, nordwestlich von Clermont Ferrand, ein Ruhetag am 11.06.2019 in Aurillac wegen Schlechtwetterfront über Europa.

Aurillac, Stadt der ältesten Regenschirmfirma, südlich von Clermont Ferrand gelegen. Weiter nach Oloron St. Marie, über die Grenze am Pass Pierre de San Martin (1570 Meter), nach Estella/Lizarra in Spanien, nach Comillas am Atlantik, zu den Picos de Europa und nach Colunga am Atlantik, Kloster in St. Marie de Mave, Taranzona, Torla im Odesa Nationalpark, Vielha über den Tourmalet Pass, Figueres, Florac (Frankreich), Thiers - die Messerstadt (Frankreich), Solothurn (Schweiz), Hasselroth.

Gesamtroute Überblick (schematisch)

3. Von Hasselroth nach Dijon (521 Kilometer)

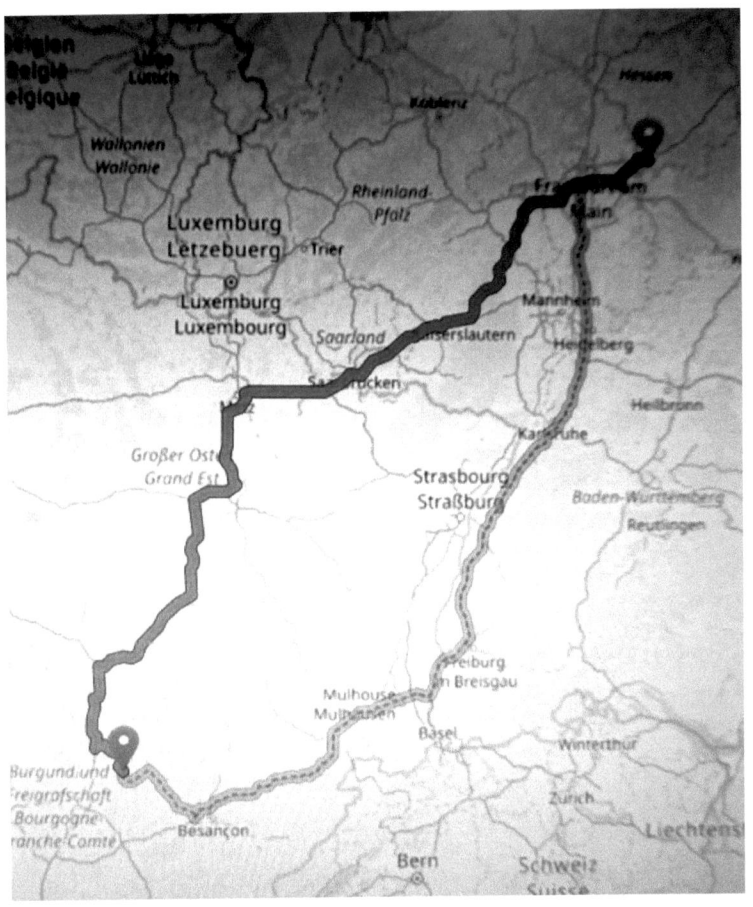

Samstag, 08.06.2019.

Es ist am Samstagmorgen kühler als erwartet. Deshalb die Packrolle nochmal geöffnet und die warmen Sachen rausgeholt, Fleece und lange Unterhose aus Wolle. Ein Schaf friert schließlich auch nicht. Es weht ein heftiger Wind. Komisch, in den Nachrichten gestern Abend sah das alles besser aus. Wir wollen in die Nähe von Dijon, eine Stadt mit dem unaussprechlichen Namen Champagne-sur-Vingeanne, zirka 30 Kilometer östlich von Dijon. Ruedi und Susanna haben es mit der Anreise günstiger, sie starten von Solothurn in der Schweiz.

Ganz weit draußen hat George ein Hotel (B&B) gebucht. Es liegt so weit abseits, dass unsere Navis förmlich qualmen. Ich bin fest überzeugt, dass wir uns restlos verfahren haben, doch schließlich tauchen ein paar Häuser auf.

Das Hotel ist ein ehemaliger umgebauter Bahnhof und nennt sich Shakespeare Station, die Gleise kann man unter Gras und Geröll noch erkennen. Die Wirtin arbeitet an der Universität in Dijon, ihr Ehemann führt das Hotel. Sie erzählt, dass viele Radfahrer hier Station machen, sogar von den

Niederlanden kommend übernachten sie bei ihr.

Zu essen gibt es hier nichts, deshalb fahren wir wieder los, 15 Kilometer, in die nächste Stadt zum Essen. Der Wirt ist so nett und bestellt uns dort einen Tisch. Die Location liegt direkt an einer Tankstelle mit Supermarkt. Hier decken wir uns mit Benzin, Wasser, Bier und Wein ein. Viele Katzen zanken sich in der Nacht, sonst ist es total still.

Abb. 2 Erste Unterkunft im B&B Shakespeare Station Champagne-sur-Vingeanne

4. Von Dijon zum Hotel am See in Le Ancizes Camps (389 Kilometer)

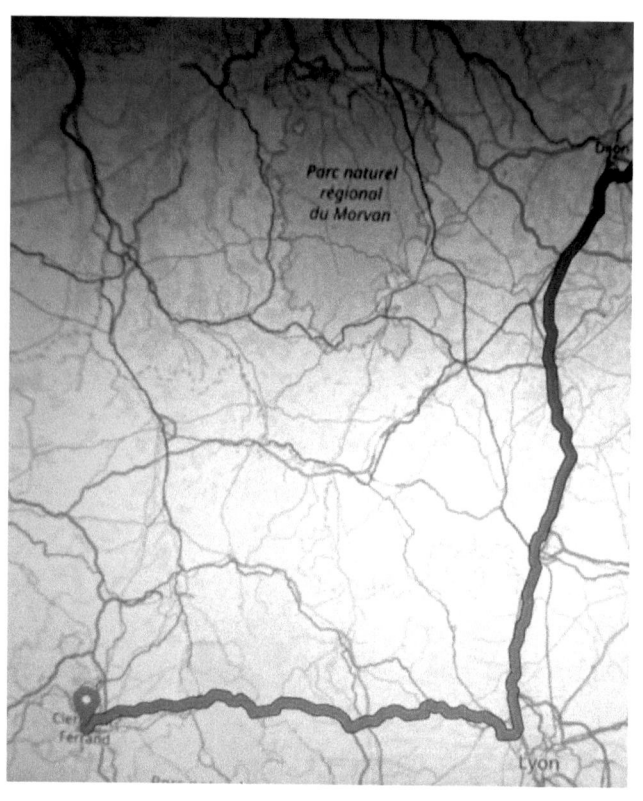

Pfingstsonntag, 09.06.2019. Das Frühstück am Morgen nehmen wir im Garten ein. Der Tisch ist liebevoll gedeckt, die Katzen schauen uns zu. Susanna ruft den Wetterbericht in ihrer App auf und verkündet, dass eine Regenfront Frankreich überquert. Die nächsten zwei Tage versprechen, ungemütlich zu werden. Die Regenklamotten holen wir irgendwann auf der Tour zusammen mit warmen Sachen raus.

Auf den kleinen Straßen fehlt mir irgendwie das Gefühl des Vorankommens. Der Regen prasselt unaufhörlich. Pausenlos wische ich am Visier. Es ist kalt. Gerade mal zwölf Grad. So suchen wir gegen 17:00 Uhr resigniert ein Hotel, was wegen der Feiertage gar nicht so einfach ist. Zum Glück finden wir zwei Zimmer in einem schön gelegenen Hotel am See in Le Ancizes Camps. Ich bin fertig mit den Nerven. Von wegen warmer Süden!

Das Menü entschädigt aber für alles. Der Preis nicht. Frankreich ist teuer, für 4 Personen kommen 150 Euro für Essen und Trinken zusammen. Wenn das so teuer bleibt, muss das Urlaubsbudget aufgestockt werden. Todmüde falle ich gegen 22:30 Uhr ins Bett,

umgeben von nasser Motorradbekleidung.
Hoffentlich ist alles morgen wieder trocken.

5. Von Hotel am See nach Aurillac, Abwettern einer Schlechtwetterfront (178 Kilometer)

Abb. 3 Le Ancizes Camps, Blick vom Hotelparkplatz auf den See. Trübe Wetteraussichten.

Montag, 10.06.2019 (Pfingstmontag). Das Wetter bleibt schlecht. Morgens gleich in die Regenpelle und viel warme Unterwäsche an. Die Klamotten sind zum Glück trocken. Eine laminierte Jacke saugt sich nicht voll und trocknet schnell. Gut, dass die Heizgriffe funktionieren. Zwischendurch schüttet es wieder wie aus Eimern, und wir kommen nur mühsam voran. Äh – wo wollten wir heute eigentlich hin?

Auf der Karte suchen wir uns Aurillac aus, die vormals gespeicherten Touren in den Navis sind nicht zu halten. Schade. George hatte die so mühsam ausgetüftelt. Aber schließlich lassen wir uns nicht von den Navis unter Druck setzen, wir sind ja im Urlaub und nicht im Büro, bedeutet ohne Termindruck. Gleich in der Innenstadt präsentieren sich zwei Hotels auf einem großen Vorplatz. Das linke hat zu, das rechte hat Zimmer frei. Eine Garage für die Maschinen bietet es auch. Wie buchen gleich zwei Nächte. Morgen soll es wieder regnen. Wie behaglich ist ein geheiztes Zimmer, egal wie klein, und trockene Sachen am Leib.

6. In Aurillac

Abb. 4 In Aurillac, Blick auf den Fluss Jordanne.
Wetter bessert sich.

Dienstag, 11.06.2019. Aurillac ist die Hauptstadt des Départements Cantal. Das Schöne bei Regen: Wir können ausschlafen. Danach geht es downtown. Aurillac ist bekannt für die älteste Regenschirmherstellung der Welt. Das erklärt auch die Shoppingmeilen, über die Hunderte von aufgespannten Regenschirmen die Gassen krönen und man beim Laufen durch den Regen nicht nass wird. Super Werbung. Für einen Designer Regenschirm kann man hier gut und gerne 150 Euro loswerden. George gelüstet es nach anderem. Denn was hilft besser gegen schlechtes Wetter, als shoppen gehen. Ihm hat es ein Spezialgeschäft für Taschenmesser angetan. In Aurillac tauchten Messer erstmals im 19. Jahrhundert auf den Märkten auf. Hergestellt vom Schmied Vigier. Der Griff besteht üblicherweise aus Rinderhorn und weißen Knochen. Der Besitzer verkauft außerdem von ihm restaurierte Säbel und alte Schusswaffen.

George kauft ein Taschenmesser, dessen Griff aus in Harz gegossenen Kuhfladen besteht. Bis wir das auf Französisch verstanden haben, müssen wir ausgiebig den Goggel bemühen. Ehrlich – Kuhscheiße im Messergriff? Ja, echt. George ist begeistert. Wer hat schon ein Messer aus Kuhdung?
Schwarz-Grün-Beige meliert wirkt es so gar nicht wie die Ausscheidung des gehörnten Nutztieres. 110 Euro, und schon wechselt das Messer den Besitzer. Okay, schließlich ist ja Urlaub. Ein exklusives Schneidegerät. Könnt ihr im Web bestellen.

Wer sich für Messerkunst interessiert, schaut mal hier vorbei:

http://passionfrance.de/main/produkte//familien-F ormenhersteller/aurillac/Messer/

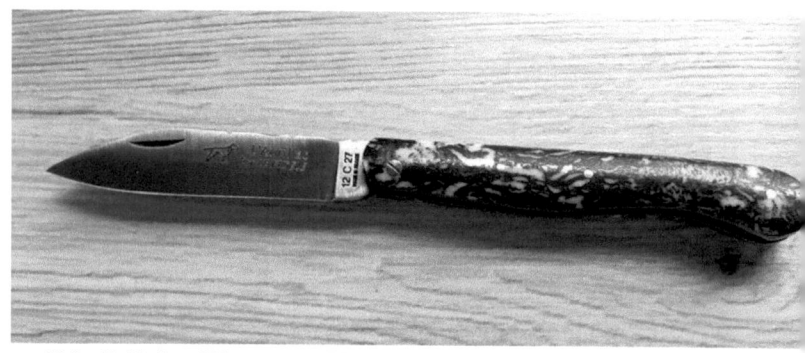

Abb. 5 Keine Ware aus China. Der Klingenaufdruck beweist es.

7. Von Aurillac nach Oloron St. Marie 520 Kilometer

Mittwoch 12.06.2019.

Oloron-Sainte-Marie ist eine Stadt mit knapp 11.000 Einwohnern im Département Pyrénées - Atlantiques. In der Region Novelle - Aquitaine. Die Berge rücken endlich näher. Heute Morgen startet eine längere Diskussion über die heutige Routenführung, ob wir Autobahn fahren, um mehr Zeit für die Picos de Europa zu haben oder weiter auf kleinen Straßen daher zirkeln. Schließlich planten wir nicht eine Tour de France. George gibt nach.

Okay, also Autobahn fahren, zirka 300 langweilige Kilometer liegen vor uns. An der letzten Zahlstelle gibt es mal ein Problem. Das Ticket von George hat der Automat genommen, aber die Kreditkarte wieder als nicht lesbar ausgespuckt. Das Brüllen in die Sprechanlage führt nicht zum Erfolg. Es droht ein berüchtigter George Wutanfall, bei dem seine Anarchoseele die Oberhand gewinnt und behutsam zurück ins seelische Gleis geführt werden muss – von mir. Gelingt aber nicht. Nein, er bekommt jetzt einen Impulsdurchbruch vom Feinsten. Stur, wie George sein kann, probiert er wieder das Unmögliche.

Nach längerem erfolglosem Handling durch die Fußgängerwege entscheidet er sich zum Glück nicht für das Sprengen der Schranke. Sondern postiert sich neben einem Auto, welches gerade durchfährt. Beim Zusehen, wie schnell der Schlagbaum knapp hinter seinem Kopf runterknallt, wird mir ganz anders. Susanna erzählt, dass sie als Sozia schon mal einen auf den Kopf bekommen hat. Dank Helm sei nichts passiert. Puh.

Derweil hat Ruedi ein anderes Problem. Öl ist auf den Auspuff getropft und verraucht. Die undichte Stelle wird nicht gefunden. Also zunächst ein Hotel suchen und dann weiter sehen.

Das Quartier La Paix hat angeblich nichts mehr frei, und wenn, nur im 3. Stock. Also – ist jetzt was frei oder nicht? *Comme ci, comme ça* ... ah.

Gegenüber ist auch eine Unterkunft. Der hochtrabende Name „Hotel de France" wird dem Inneren nicht gerecht. Hier herrscht Renovierungsstau. Das ältere Ehepaar (so alt wie wir wahrscheinlich, knapp über 60 Jahre) restauriert nur das Nötigste. Auch mit dem Reinigungsdienst scheint es nicht so zu klappen. Es kostet aber nur 55 Euro ohne Frühstück.

Ruedi sucht weiter die leckende Ölstelle und wird fündig. Schlauch und Schelle der Motorentlüftung werden wieder verbaut und gut ist.

8. Von Oloron St. Marie nach Estella

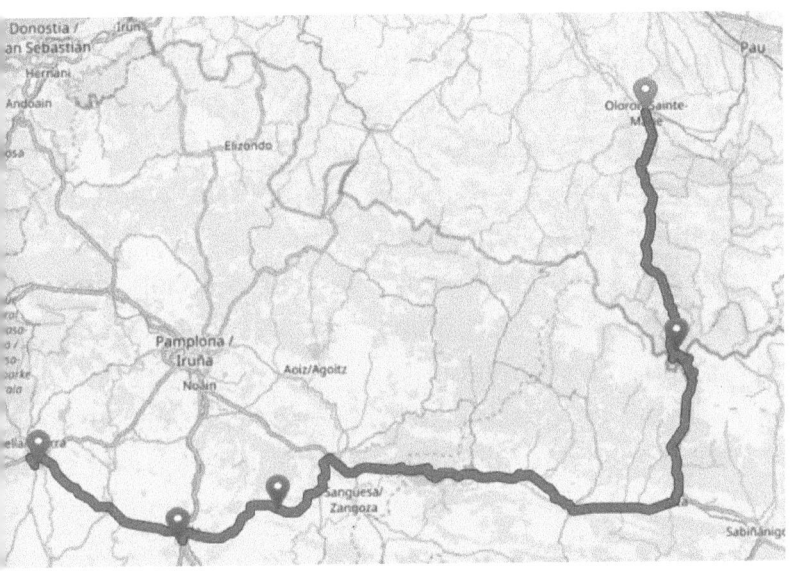

Donnerstag, 13.06.2019. So, heute wollen wir die Grenze nach Spanien überqueren. Estella ist eine Kleinstadt in Mittel-Navarra. Sie beherbergt zirka 13.000 Einwohner und ist damit der sechstgrößte Ort von Navarra. Beide Namen der Stadt, Estella und Lizarra, werden amtlich benutzt. Als Passüberquerung wird der Col d'Erroymendi über die D918 und D26 über Larrau gewählt.

Das Wetter ist trocken und zeigt nur ein paar Wolken am Himmel. Das Frühstück mit Croissants, Baguette, Butter und Marmelade ist dieses Mal übersichtlich und zügig verspeist.

„Ich muss bald tanken", sage ich beim Losfahren. Die anderen nicken. „Wir auch!"

Es geht ländlich und auf immer schmaler werdenden Straßen Richtung Grenze. Es herrscht wie in Frankreich äußerst wenig Verkehr auf den kleinen Wegen im heftigen Wind, die uns mit knackigen Knallböen wachrütteln.

Ich bin so beschäftigt, schwer hinter dem Lenker geduckt auf der Straße zu bleiben, dass ich erst spät wieder einen Blick auf die Tankanzeige werfe.

Ups! Reserve!

Wie jetzt - so schnell? Okay, es muss eine Tankstelle her. SOFORT! Und – wie das immer so ist – es kommt keine. Es gibt bekanntlich kein größer Leid, als das, was man sich selber *andeit*. In einem Dorf verlieren wir uns.

Ruedi fährt geradeaus, George nimmt den Weg bergan durch das Dorf.

Ich halte an, weil ich mit Regenjacke und -hose zu warm angezogen bin und stopfe alles in die Packrolle.

Weiter geht es. Auf der Passhöhe von 1360 Meter treffen wir auf Ruedi und Susanna, die inzwischen auch Spritnot haben. Der Orkan schmeißt meine Maschine fast um. Ich kann kaum gerade gehen, und wir müssen uns regelrecht anschreien, um uns verständlich zu machen. Grundgütiger!

Wo ist die nächste Tankstelle? Onkel Garmin sagt, Richtung Spanien noch 60 Kilometer, zurück nur 20 Kilometer. Komisch, warum haben wir die dann nicht gesehen? 60 Kilometer schaffe ich nicht mehr, hoffentlich reicht es für die 20 Kilometer. Falls ihr jetzt den geneigten Kopf schüttelt, und denkt, die sind doch echt bescheuert, dann habt ihr gnadenlos recht. Susanna zetert, George zuckt mit den Achseln, Ruedi schreit zurück, ich halte mir den Kopf. Hilft jetzt aber nicht weiter. Zurück. Ich lasse mal vorsichtig nur rollen. Wir halten unten im Dorf an und fragen sicherheitshalber einen Bauern nach der nächsten Zapfstelle. Zuversichtlich nickt er und benennt uns den Ort *Tarbets*, zirka 20 Kilometer

25

entfernt. Susanna ist sauer, völlig unnötiger Stress. Stimmt.

Aber den haben wir jetzt. Wenn es schlecht läuft, kommen wir heute nicht nach Spanien, und Worst Case, bleiben wir alle liegen. Und das mit 23 Liter Tanks auf der Nuda und der KTM.

Endlich kommt die Tankstelle, tiefer Seufzer und ich stelle nach der Füllung fest, es hätte noch weitere 20 Kilometer gereicht.

Abb. 6 Endlich in den Bergen.

Nur 16,2 Liter bei einem 18-Liter Tank verbraucht.

Ruedi, der mit Gepäck und Sozia so eine halbe Tonne an Gewicht durch die Gegend bugsiert, hat auf der gestrigen Autobahnfahrt 20 Liter verbraucht, wäre aber die 60 Kilometer weit gekommen. George tankt ebenfalls 20 Liter. Das passiert uns nicht ge Theater, bis alle getankt haben.

Nun fahren wir zwei andere Pässe etwas weiter östlich, den Col de Suscousse mit 1436 Metern auf der französischen Seite und den Col Pierre de San Martin mit 1570 Metern als Grenzübergang sowohl auf französischer wie auch auf spanischer Seite. Und wie meistens ergibt sich aus verhasstem Ungemach etwas Positives. Der Umweg hat sich gelohnt. Hier weht der Wind deutlich weniger, die Gegend ist klasse und da sie deutlich weniger Konzentration verlangt, kann ich sie auch genießen. In Lumbier schauen wir nach dem heutigen Übernachtungsort. Die Wahl fällt auf Estella/ Lizarra, die Navis schlagen einige Hotels vor, von denen Ruedis Garmin den Zuschlag gewinnt. Das von meinem Tom Tom Vorschlag finden wir nicht. Vielleicht schon geschlossen.

Der Preis mit 78 Euro pro Doppelzimmer inklusive Frühstück ist okay. Abends erkunden wir ein wenig die Stadt und probieren das hiesige Bier.

Abb. 7 Tolle Aussichten auf die Täler

9. Von Estella nach Comillas am Atlantik

Freitag, 14.06.2019.

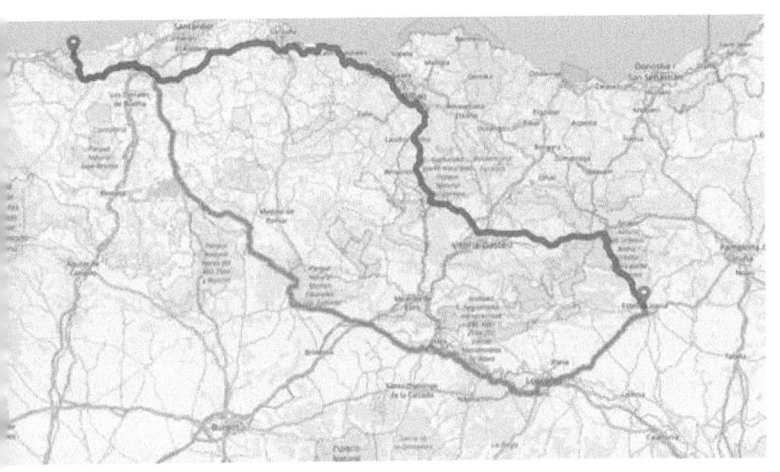

Der Ort wurde von uns per Nasenfaktor zufällig ausgewählt. Wo sieht es auf der Detailkarte denn interessant aus? Ich will in diesem Urlaub wenigstens einmal am Atlantik übernachten.

Comillas ist laut Reiseführer ein Seebad und für seine Bauten katalanischer Architekten des Modernismo berühmt. 1881 wurde von Antonio López y López, des ersten Marquis von Comillas, an Joan Martorell der Bauauftrag für den Palacios de

Sobrellano erteilt. Es liegt 40 Kilometer westlich von Santander.

Der Garmin findet eine Route, die als Single Road mit endlosen Kurven durch eine grandiose Landschaft führt. Einfach klasse. Dann folgen Nationalstraßen mit garantiert flottem Vorankommen. Nach dem Mittagessen werde ich nach einer Stunde etwas träge. Obwohl es bis Camillos nur noch 100 Kilometer sind, bringen uns die dunklen Wolken mit herabsenkenden Nebel über den Bergen wieder auf Trab. Es wird so kühl, dass ich die Heizgriffe, auch wegen der Sommerhandschuhe, starte. Die Lüftungsschlitze an der Jacke sind auch noch offen. So wird das nichts.

Ich halte an und starte die Umziehaktion: Packtasche auf, Regenzeug, Fleeceweste und Winterhandschuhe raus. Danach ist mir nicht mehr kalt. Auf gehts in den Nebel. Grusig. Zehn Meter vor mir fährt George und das Rücklicht, was nur für den TÜV verbaut wurde, erkenne ich fast nicht mehr. Ruedi fährt jetzt voraus, das gibt mir Sicherheit. Das Display vom Navi stelle ich so groß, dass ich erkennen kann, wann scharfe Rechts – oder Linkskurven kommen und ich nicht überrascht darein eiere. Und das soll noch 100 Kilometer so weiter gehen? *OMG*.

Abb. 8 Nebelfahrt über die Berge zum Atlantik nach Comillas

So schnell, wie der Nebel gekommen ist, verschwindet er beim Runterfahren wieder. Puh. Mehr Sicht, mehr Sicherheit. Dafür fängt es jetzt an zu regnen. Und George fährt eine Route, von der der Garmin wahrscheinlich überzeugt ist, ich nicht.

Es geht steil bergab auf eine holprige, höchstens zwei Meter breite Straße. Ich schüttele den behelmten Kopf, und zwar energisch. Ich bin müde und kaputt. Mein Tom Tom zeigt geradeaus, also können wir die bequemere Route nehmen. Wahrscheinlich eine kurvenreiche Strecke, die uns nach kurzer Zeit wieder auf die Hauptstraße führt.

Leider muss Ruedi unten ein Drehmanöver hinkriegen, bei dem Susanna absteigen muss und den steilen Aufgang zu Fuß bewältigt. Inzwischen schüttet es wie aus Eimern. Meine langsame Fahrweise lässt Georg messerscharf schließen, dass das Rehlein eine Pause braucht. Er weiß, wie er mich bei Laune halten kann. Da bietet sich eine Brücke an. Beim Stoppen sehe ich ein Auto der Guardia Civil mit zwei Polizisten innen gemütlich und warm sitzend. Ups.

Hier ist eine 30 Kilometer/h Kurve, in der sie stehen.

Anfangs wirken sie reserviert, dann, als Susanna mit der Straßenkarte zu ihnen geht, tauen sie auf und diskutieren in rasend schnellem Spanisch die möglichen Alternativen bis Comillas. 30 Kilometer auf schmaler Straße.

In Comillas scheint die Sonne! Unglaublich, diese Wetterwechsel. Nun geht die anstrengende Hotelsuche los. Ruedi sucht eine Unterkunft im Zentrum aus, zu dem eine steile und sehr enge Straße hinauf führt. Susanna und ich gehen ins Hotel und fragen nach Zimmern für zwei Nächte. Weil ich morgen kein Motorrad fahre. Für zwei Nächte sind nur zwei Suites frei, für schlappe 110 Euro pro Nacht, aber dafür mit Frühstück. Ich halte die Luft an, George schluckt, Ruedi nickt. Ist ja Urlaub. Also schauen wir uns die Suites an. Durch einen Innenhof mit Wandmalereien vom Dschungel mit Königstiger, Strelitzenbepflanzungen und Bananenbäumchen gelangen wir ins Nachbargebäude.

Donnerwetter. Roter Teppichboden, Wohnzimmer, Schlafzimmer und ein Bad mit Whirlpool und Dusche, Stuckverzierungen an der Decke. Hoffentlich verlaufen wir uns hier nicht, wenn wir nachts die Toilette suchen. Und sogar ein Aufzug.

Im Treppenhaus zahlreiche Aquarellbilder mit Tuschestrichen, die Stierkämpfe abbilden. Geschmackvoll, welch ein Luxus.

Die Krönung ist das riesige Doppelbett mit weißen Gardinen ringsherum. Aber auch die zwei Zimmer haben wir mit unseren nassen Brocken schnell in ein Chaos verwandelt.

Die anderen gehen abends in die Stadt. Ich setze mich in den Innenhof, starte den Laptop, genieße die Ruhe und meine ausgestreckten Beine.

Abb. 9 Innenhof des Luxushotels. Sieht der Tiger im Hintergrund nicht total echt aus?

10. In Comillas.

Abb. 10 Am Strand von Comillas

Abb. 11 Hafen in Comillas

Samstag, 15.06.2019. Ich habe supergut in dem Gardinendoppelbett geschlafen. Nur Katzengeschrei dringt bis in den 2. Stock und bis 23:00 Uhr spielt eine Folkloreband sehnsüchtige Volkslieder mit traurigen Geigen und Flöten.

George humpelt morgens beim Gang zum Frühstück. Oje. Das linke Großzehengrundgelenk, der Lieblingsort von Gichtattacken, macht sich seit nachts bemerkbar. Er bleibt mit Ruedi im Hotel, während Susanna und ich zum Powershoppen downtown gehen.

Reizendes Städtchen mit der alten Kirche, die nur ein schlichtes, dafür riesiges Holzkreuz über dem Altar zeigt. Es sind 22 Grad heute, im Gebäude höchstens 15. Dafür sorgen die unglaublich dicken Mauern.

Susanna hat keinen warmen Pullover eingepackt, das rächt sich jetzt. Denn hier ist es keineswegs sommerlich heiß. Wir klappern jedes Geschäft ab, bis wir einen für sie finden. Ich kaufe mir ein Seidentuch, als Souvenir von Nützlichkeit und Andenken an den Atlantik in Nordspanien. Auf einer Anhöhe können wir über die Bucht blicken und halten unsere Körper in die Sonne.

Der Hafen ist klein und bietet nebst Leuchtturm interessante Segel- und Motoryachten. Wenn mich jetzt jemand fragen würde, was Urlaub bedeutet, dann käme diese Antwort: Nichts zu tun außer in die Gegend starren und keine Termine zu haben. Echter Luxus.

Gedanken an die Arbeit versinken nach einer Woche endlich in den Hintergrund. Ich denke an meine beiden Töchter und an meinen Enkel, schon sieben Monate alt.

Mir fallen meine Freundinnen ein, die an Brustkrebs erkrankten und eine lange Genesung vor sich haben.

Was sind dagegen die Zipperleins, die ab dem 50. Lebensjahr zunehmen und garantiert nicht mehr weggehen werden? Und der Blick auf das Rentenalter, das spätestens in drei Jahren eintritt. Herbei gesehnt und gleichzeitig gefürchtet. Weniger Geld, gebrechliche oder schwere Glieder, die wir die Treppen raufquälen. Mit 30 Jahren dachte ich, es ginge ewig so weiter. Na, warum sollte man sich in dem Alter mit diesen Seniorenproblemen belasten? Ändert das was? Kaum.

Manchmal kriecht die Frage aus den kleinen Hirnwindungen: Wie lange werden wir noch Motorrad fahren können? Bis 70? Bis 75? Wann kaufen wir die letzte Maschine und dann ein Auto? Mit hohem Einstieg und mit Monitor beim Rückwärtsfahren natürlich. Wie lange können wir unsere Telefonnummer, das gestrige Essen oder besuchte Orte erinnern? Werden wir auf Weltreise mit zwei Motorrädern gehen?

Egal, jetzt sind wir in Spanien. Hoffen wir, dass Georges linker Fuß morgen früh in den Stiefel passt und das Schalten nicht zu sehr belastet. Und es nicht regnen wird, der Himmel ist bedeckt, und es ist kühl am Abend.

11. Von Comillas nach Colunga und zum Picos de Europa. 155 Kilometer.

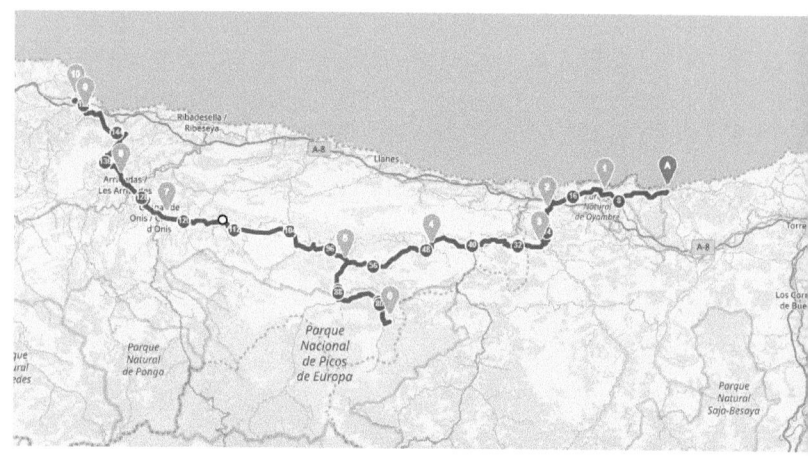

Sonntag, 16.06.2019. Der Picos de Europa sind ein Faltengebirge und ein Kalkstein-Massiv. Aufgrund des 20 Kilometer entfernten Meeres ist es mit hoher Luftfeuchtigkeit und mit Niederschlägen gesegnet. In den Picos de Europa befinden sich auf einer sehr kompakten Fläche etwa 200 Gipfel über 2.000 m Höhe. Der höchste Gipfel des Gebirges ist der Torre de Cerredo (2.648 m); der bekannteste Gipfel des Gebirges ist der Naranjo de Bulnes (2.518 m). Wir sind schon total gespannt auf die Tour.

Beim Frühstück treffen auf ein Ehepaar aus der Schweiz. Sie kommen vom anderen Ufer der Aare, sind also quasi Nachbarn von Ruedi und Susanna.

Gestern hatte ich ein Glas im Bad zerdeppert. Das möchte ich noch vermelden, kenne aber die Vokabeln nicht. Nicht schlimm. Wozu kann meine Älteste perfektes Spanisch? Ich schicke ihr eine Whatsapp mit der Frage: Was heißt auf Spanisch: „Ich habe ein Glas zerbrochen und möchte es bezahlen. Was kostet das?"
Die Antwort zeige ich der Hotelwirtin auf dem Display. Sie schaut erst skeptisch, dann lacht sie schallend.

„*De Nada! No, No!*" Also kostet es nichts. Als ich Inga die Reaktion schildere, denkt sie, es liegt an ihrem Spanisch, weil „zerbrechen" ein unregelmäßiges Verb ist und sie sich in der Übersetzung vertan und was Falsches schrieb. Zur Vorsicht hat sie bei ihrer spanischen Freundin um Hilfe gebeten, und sie hat das perfekte Spanisch geliefert. Aber da waren wir schon losgefahren. Tja, Lehrerin. So sind sie.

Wir starten gegen 10:30 Uhr bei märchenhaften Wetter. Und das Tanken erledigen wir zeitnah.

Heute haben wir sagenhafte 80 Kilometer vor dem Lenker, also ein richtiger Motorraddaddeltag. George wählt einen Abstecher, eine Stichstraße in die Berge mit vielen kleinen Kurven. Von dort fahren wir bis nach Villar und essen in dem Ort zu Mittag.

Endlich bekomme ich meine Spagetti. Mit Pilzen und der lokalen Käsespezialität von Casabre.

Abb. 12 Aussichtspunkt auf der Strecke nach Colunga.

Das Menü kostet 12 Euro, der 2. Gang sind Spiegelei, Schinken und fettige Pommes.

Der Nachtisch würde bei uns als Käsekuchen durchgehen, hier heißt er Flan. Und er hat ein Dach aus karamellisiertem Zucker. Echt klasse. Den Wein gibt es gratis dazu, den lassen wir stehen.

Die Straße führt zum nächsten Dorf, dann ist Schluss. Das sparen wir uns. Auch wenn die Karte einen Fußweg ausweist, der auf der KTM mit dem Offroadmodus zu meistern wäre. Aber mit 500 Kilogramm an Bord? Nee, das lassen wir mal.

Es geht die kurvenreiche Strecke zurück und wir landen wieder auf der Hauptstraße. An einem Aussichtspunkt halten wir und laufen zur Plattform hoch. Mein Kreislauf ist nicht auf Betriebsdruck und ich muss mich oben für ein Power Nap hinsetzen. Zu viel Essen macht halt träge.

In Colunga findet Ruedi ein Hotel, was friedlich gelegen ist. Mit einem großen gepflegtem Garten voll exotischer Bäume. Walnuss, Zitrone, Aprikosen oder Pflaume – genau wissen wir es nicht – und gemütlichen Sitzgelegenheiten vor dem Haus. Außerdem jede Menge von Tillandsien.

Sie gehören zur Gruppe der Borrelien und wachsen epiphytisch auf anderen Pflanzen, meistens

Kakteen oder Bäumen, aber ohne zu schmarotzen bzw. ihren Wirt zu schädigen.

Hier bleiben wir zwei Tage. Morgen fahren wir ohne Gepäck zu den Picos. Colunga ist ein Ort im Osten der spanischen Provinz Asturien. Es ist Hauptort der gleichnamigen Gemeinde und liegt direkt an der Kantabrischen See.

Der Jakobsweg (Camino del Norte) verläuft durch die Stadt. Was unschwer an den Rucksacktouristen zu erkennen ist. Im vier Kilometer entfernten La Isla gibt es die Pilgerherberge.

Der Jakobsweg ist ein Pilgerweg durch ganz Europa, der als Ziel das wirkliche oder angebliche Grab des Apostels Jakobus in der Kathedrale von Santiago de Compostela hat. Er wurde nach der Überlieferung in Jerusalem hingerichtet, für mich ist nicht ganz klar, wie der Leichnam nach Spanien überführt wurde und wo nach biblischer Legende dieser dann tatsächlich beerdigt wurde. Klingt stark nach Mythos, den man glaubt oder nicht.

Abb. 13 Tillandsien

45

Aber wie auch immer - das Wandern der Menschen, Radfahren oder Reiten entlang des Weges verbindet Europa und ist besser, als Kriege zu führen. Für die Orte auf der ganzen Länge der Routen bedeutet der Pilgerstrom wohl zugleich wirtschaftlichen Segen.

In Hessen übrigens verlaufen drei Wege der Jakobspilger. Einer orientiert sich am Verlauf des historischen Fernhandelsweges von Leipzig nach Frankfurt am Main. (Des Reiches Straße). Der andere führt von Eisenach kommend zusammen mit dem Elisabethpfad über Marburg und Siegen nach Köln. Der dritte Weg beginnt in Marburg und führt als sogenannter Lahn - Camino nach Koblenz. (Quelle: Wikipedia).

Abb. 14 Wieder sagenhafte Aussichten in den Picos

Abb. 15 Picos

12. Colunga und die Picos (250 Kilometer)

Montag, 17.06.2019. In dieser total ruhigen Umgebung ließ es sich mühelos schlafen. Der Himmel ist bedeckt und die Berge nicht zu sehen, sieht schwer nach Nebel aus. Also schauen wir mal, was der Tag bringt. Ich ziehe mir die lange Unterwäsche an, was sich als falsche Entscheidung herausstellt. Wir fahren um 10:30 Uhr los. Gegen Mittag sind es aber schon 19 Grad und ich fange an, mich wieder auszuziehen. Die Gegend ist phänomenal. Winzige schmale Sträßchen die felsigen Gipfel, die Schluchten, die Täler, die großen Gletscherseen, die üppigen Wälder…

Wir fahren die Straße AS 114. Unterwegs begegnen uns touristische Angebote wie ein Klettersteig mit Angebot von Bungee Jumping, der aber geschlossen hat. Wir rasten in einem Restaurant direkt an der Straße in einer Kurve zum Mittagessen. Danach kommen wir auf eine gesperrte Straße, ein Durchkommen gibt es definitiv nicht und es geht wieder zurück.

13. In Colunga – Strand und Städtchen

Dienstag, 18.06.2019. Die Jungs fahren heute alleine und schalten ohne Gepäck und Sozia die Maschinen auf Sportmodus. 320 Kilometer haben sie sich vorgenommen und den Garmins diktiert. Mal sehen, was sie alles so erleben.

Ich bin froh über einen Tag ohne Motorrad. Auf diesen ganzen kleinen Sträßchen mit den entzückenden Kurven und wenig Geradeausmodus lässt nachmittags meine Konzentration nach und der Spaßfaktor tritt mehr und mehr in den Hintergrund. Außerdem habe ich Muskelkater in den Oberschenkeln. Gestern sprang mir sogar ein Reh knapp vor den Vorderreifen her.

Susanna und ich laufen die 2 Kilometer bis zum Strand. Menschenleer, es scheint Ebbe zu sein. Bis zum Wasser wandern wir nochmal gefühlte 500 Meter. Ich gehe sogar schwimmen und lasse die Wellen gegen mich krachen. So ist der Badeanzug doch noch zur Anwendung gelangt. Bisher hatte es in keinem Motorradurlaub zum Schwimmen gereicht. Der Atlantik ist selbst mit kleinen Rollern an den Strand so kraftvoll, dass es mehr ein Hin- und

Herschaukeln in den Wellen bedeutet denn wirkliches Schwimmen. Dieser Ozean ist neben dem Pazifik der zweigrößte der Erde und die Grenzen bilden die Polarkreise und die Meridiane durch Kap Agulhas im Osten und Kap Hoorn im Westen. Er bedeckt etwa ein Fünftel der Erdoberfläche. (Quelle: Wikipedia).

Etwas Überwindung bedeutet es beim Untertauchen, so warm ist das Wasser nicht. Die Möwen stehen in kleinen Gruppen auf dem Sand und glotzen in die Gegend. Aus der Nähe betrachtet, sind es wirklich große Raubvögel. Angelehnt an Felsbrocken genieße ich mein Buch und Susanna löst Sudoku.

Nach Strand- und Salzwassergenuss geht es zurück in die Stadt. Ich will zum Frisör, weil ich nach der Rückkehr aus dem Urlaub wieder zu viele Termine habe. Okay, jetzt hat die Stadt Siesta bis 17:00 Uhr. Also später nochmals probieren. Wir gehen essen, das Menü kostet hier 10 Euro inklusive Wasser und Wein. Ich nehme einen Salat und einen frittierten grätenreichen Fisch, für den ich beim Essen die Lesebrille aufsetzen muss, der aber sehr schmackhaft ist.

Der Einkauf im Supermarkt für 7,50 Euro bringt einen vollen Rucksack mit Obst, Wasser, Cracker, Chorizo Wurst und Bier. Chorizo ist eine mit Paprika und Knoblauch gewürzte Schweinswurst. Die Lebensmittelpreise sind hier sehr moderat.

Beim Frisör bekomme ich einen Termin 40 Minuten später. Mit den Fingern deute ich 2 Zentimeter gewünschte Kürzung an. Der Haarschnitt inklusive Trimm der Augenbrauen kostet 25 Euro. Eigentlich wollte ich ja noch färben (Männer! Bitte einfach überlesen. Das sind Frauenthemen.) Und wundere mich über die warme karamellfarbene Flüssigkeit, die sie mir komischerweise *unter* die Augenbrauen streicht. Dann reißt sie dran und ich begreife, dass ich mein erstes Waxing bekomme. Geht schneller als Zupfen und schmerzt fast überhaupt nicht. Aber Farbe für die Brauen hat sie nicht oder sie hat uns falsch verstanden. Egal. Der Haarschnitt ist perfekt.

Als wir beim Hotel ankommen, hören wir nach 5 Minuten Geräusche von Motorrädern. Unsere Jungs trudeln ein, es ist kurz vor 19:00 Uhr. Sie erlebten eine brillante Tour mit vielen Kurven in den Picos, haben ordentlich Hunger, wollen duschen und danach in das Städtchen. Susanna geht mit.

Abb. 16 Wasserfall im Picos

Georges linkes Großzehengrundgelenk ist nicht mehr gerötet und geschwollen. Ich schreibe meinen Bericht und freue mich über die Ruhe im Hotelgarten. Das ist Urlaub!

54

14. Es geht langsam gen Osten zurück, nach St. Marie de Mave. 280 Kilometer.

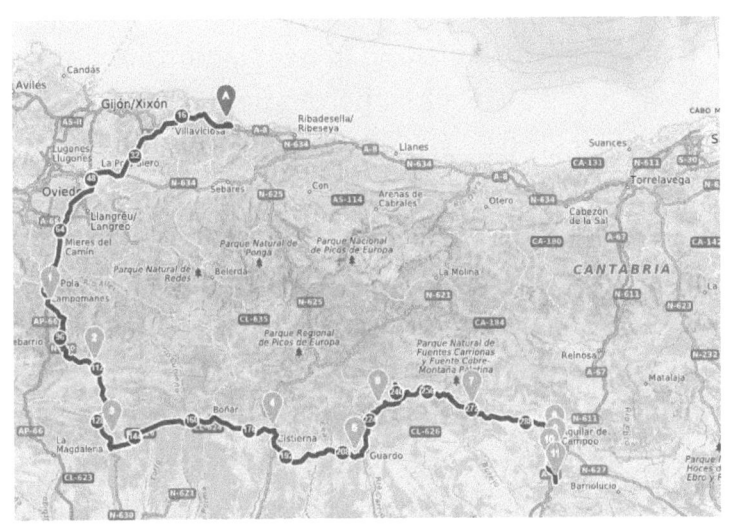

Mittwoch, 19.06.2019.

Den Ort St. Marie de Mave kannten wir bisher noch nicht. Ihn kennen zu lernen, lag daran, dass in Aguilar de Campoo wegen einer MotoX Großveranstaltung kein Zimmer mehr frei war und wir weiter fahren mussten.

Die Stadt liegt 334 Kilometer nördlich von Madrid am Stausee von Aguilar an der Autobahn A 67.

Aguilar de Campoo ist eine Station auf der Nordroute des Jakobswegs. (Quelle: Wikipedia).

Doch die Mitarbeiter der Rezeption des Hotels in der Innenstadt sind mächtig bemüht. Sie kümmern sich um eine Reservierung in der Nähe. Und die hat es in sich. Ein ehemaliges, restauriertes Benediktinerkloster aus dem 12. Jahrhundert. Das hätten wir niemals gefunden. Einfach eine außerordentliche Location. Hier haben sich vermutlich Dutzende von Innenarchitekten ausgetobt. Die fast 70 cm dicken Mauern sind im Naturlook erhalten geblieben, unterbrochen von weiß verputzten Wänden. Uralte eichene Sitzbänke dekorieren die Treppenaufgänge und Flure, das Restaurant hat eine moderne Beleuchtung mit Halogenhängelampen, der Klostergarten ist riesig und der ehemalige Glockenturm beherbergt ein Storchennest. Super. Man merkt dem Personal seinen Stolz auf ihr Etablissement an. Es wird sogar Englisch gesprochen. Der Zimmerpreis kann mit Halbpension pro Person gebucht werden.

Es beinhaltet ein Drei-Gänge-Menü ohne Getränke, das Doppelzimmer kostet 78 Euro pro Nacht. Schade, hier ließe es sich länger aushalten.

Malen im Klostergarten, das hätte etwas. Wir genießen das kalte Bier im Garten und die Ruhe und Ausstrahlung dieses originellen Ortes.

Morgen soll es bis nach Taranzona gehen, Ruedi gibt die Route nach den Angaben von Susanna ein. Heute sind wir Frauen mit der Routenplanung dran.

Abb. 19 Das Klosterhotel in St. Marie de Mave

15. Von St. Marie de Mave nach Taranzona. 250 Kilometer

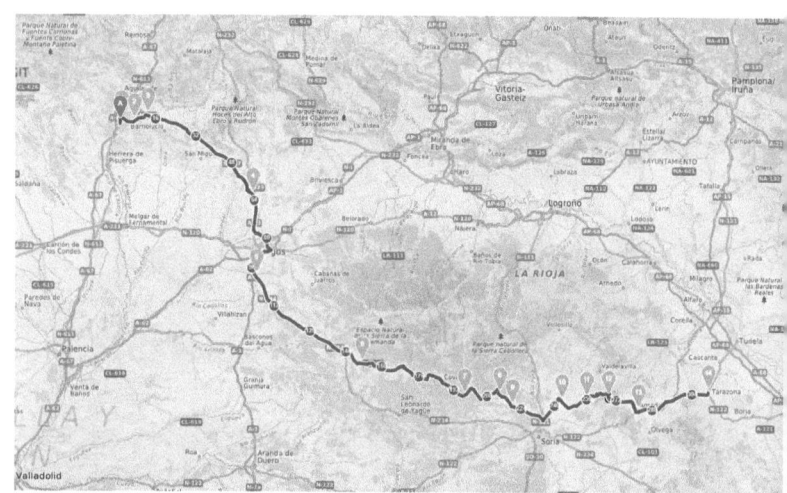

Donnerstag, 20.06.2019. Unspektakulär, teilweise über Autobahn, doch geht es durch eine traumhafte Landschaft mit gelben Kornfeldern und roten Mohnblumenwiesen. Die Straßen sind in einwandfreiem Zustand, mit verlassenen oder menschenleeren Ortschaften, man sieht keine spielenden Kinder, Hunde oder andere Lebewesen. Wo sind die alle?

Wenn uns drei Autos entgegenkommen, ist das massig. In Taranzona wird die Hotelsuche mühsam. Die Zugangsstraße ist wegen Bauarbeiten gesperrt. Deshalb fahren wir einen schweißtreibenden Trimmparcours durch winzigste Gässchen und zahlreichen Einbahnstraßen. Wir suchen eine schwarze Katze im Tunnel, die nicht da ist. Das Hotel gibt es nicht mehr. Es fängt an zu regnen. Die kleinen Gassen haben auch noch Kopfsteinpflaster oder so was ähnliches und in der Mitte eine putzige Rinne. Ich verliere die Nerven und lasse die Karre stehen. Wo, bitte schön, soll es denn hingehen? Niemand weiß es. Ich gehe zu Fuß und mein George fährt meine Lady runter. Susanna ist abgestiegen, schaut ebenfalls per pedes, ohne fündig zu werden. Schließlich suchen wir auf der Karte genervt nach dem nächsten größeren Ort. Ruedi fährt vor und am Ortsausgang ist plötzlich ein Hotel. Na, sowas. Der Check-in muss über Automat abgewickelt werden. An Tankstellen ist man das ja gewöhnt, aber im Hotel? George schiebt den Reisepass in den Automaten und klickt und klickt. Blöderweise beharre ich auf dem Ablauf des abwechselnden Zahlens und schiebe meine Kreditkarte ein, die mit dem Pass von

George natürlich identitätsmäßig nicht übereinstimmt. Also gibt der Automat einen Fehler an, der an der unbesetzten Rezeption gemeldet werden soll. Aha. Alternativ kommt die Bar nebenan in Frage. Die Dame hat alle Hände voll zu tun und beachtet George und mich nicht. Sie knallt geräuschvoll die leeren Flaschen in den Container, schiebt Tassen unter die Espressomaschine und benutzte Teller in die Spülmaschine. Ich hasse es, nicht beachtet zu werden, und spreche sie laut an. Susanna muss kommen, denn die Servicekraft spricht weder Englisch noch Französisch.

Immerhin. Sie bemerkt uns jetzt und ruft jemanden an, da von meiner Kreditkarte schon abgebucht wurde. Wir besitzen eine Zimmernummer, aber keine Schlüsselkarte. Bei Susanna und Ruedi hat es überhaupt nicht geklappt, warum auch immer. So bekommen wir unsere Schlüsselkarte, nachdem ich meinen Ausweis vorgelegt habe und bei Ruedi und Susanna macht sie es händisch. Ich muss sie bewundern. Hat die Bar voll mit Männern sitzen, schmeißt den Laden alleine und muss sich um eincheckende Hotelgäste kümmern, die den Automaten nicht bedienen können.

Mir tut mein genervtes Verhalten in der Bar schon wieder leid. So sorry. *Por favor perdoname.* Sie nickt. Reden ist nicht ihr Ding.

Okay, wir haben unsere Zimmer, sogar mit kleiner Dachterrasse. Ich bin so nass geschwitzt wie seit Rumänien 2012 mit 40 Grad nicht mehr. Der Himmel verfärbt sich schwarz, es droht ein imposantes Gewitter runterzukommen und die Luft ist drückend wie ein Presslufthammer. Nach einer Dusche sieht die Welt schon besser aus. Später genießen wir an der Bar ein Bier und irgendein magenfüllendes Essen. Die Auswahl ist hier nicht so groß.

Mal sehen, wohin es morgen geht. George weigert sich, über *booking.com* ein Zimmer zu buchen, will einen bestimmten Pass in den Pyrenäen fahren und ich möchte gerne ins Dali Museum in Figueres am Mittelmeer. Und eine Tour will er auch nicht planen. Meistens gibt es auf jeder Urlaubstour mal einen Zeitpunkt, an dem ich mich frage: Vielleicht sollte ich morgen nachhause fahren?

Die Stimmung ist auf dem Nullpunkt. Genervt schlafe ich irgendwann ein. George plant dann am PC doch noch eine Route.

16. Von Taranzona nach Torla zum Nationalpark Odesa (305 Kilometer)

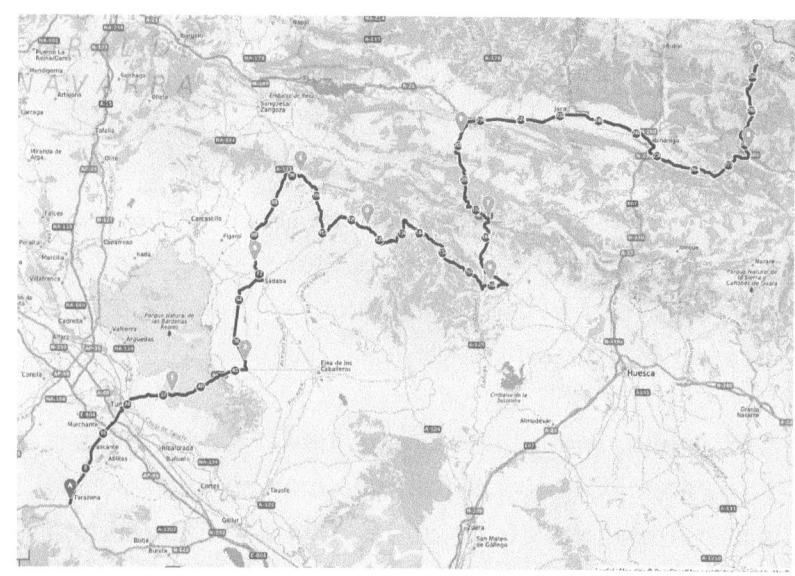

Freitag, 21.06.2019. George weckt mich mit einem Küsschen und hat, während ich schlief, eine tolle Strecke ausgesucht, die auf der Karte, abgesehen von dem Grünstreifen, total langweilig aussieht. Neuer Tag, neues Glück.

Die schlechte Laune von gestern ist abgelegt und vergessen und ich schäme mich ein bisschen. Puh. Schon wieder.

Ruedis KTM stand unter dem Baum echt ungünstig, die Vögel haben den Tank als Latrine genutzt. Wütend putzt er die Vogelsch.... weg.

Aber weit gefehlt mit der langweiligen Straße! Kurve reiht sich an Kurve. Fast wie auf Madeira. Über uns steht stundenlang eine UFO ähnliche dunkle Gewitterwolke, die sich bis auf ein paar Tropfen nicht entlädt. Glück gehabt. Die Regenklamotten werden irgendwann wieder ausgezogen, es ist zu warm. Viele Fotostopps, die auch wegen der Wolkenformationen hier etwas Spezielles sind.

Auf einer engen Straße kommt uns doch ein holzbeladener 20 Tonner LKW in einer Rechtskurve entgegen! George rettet sich in den Grünstreifen und bleibt am Gas, ich bleibe soweit rechts wie möglich stehen, Ruedi ebenfalls. Respekt vor dem Fahrer, diese kleine Straße mit diesem Ungetüm zu bewältigen. Irgendwas ist Ruedi ins Auge geflogen, er reibt und reibt bis zum schieren Wahnsinn.

Ich hole meine Augentropfen Wala Euphrasia aus dem Tankrucksack. Ein einziger Tropfen bringt die Erlösung. **Habt immer Augentropfen dabei!** Nichts ist schlimmer als juckende und tränende Augen hinter dem Visier.

Total kaputt komme ich in Torla an, dieses Mal mit der Aufgabe, ein Hotelzimmer zu finden. Susanna und ich machen uns auf die Suche. Das erste mitten im Zentrum – Kopfschütteln. Nur für eine Nacht, wir wollen aber zwei Nächte bleiben. Die Männer wollen lieber eine Nacht als keine Nacht. Aber so schnell geben wir Frauen nicht auf. In einem entzückend kleinen Gässchen mit steiler Auffahrt finden wir ein Hostal, 38 Euro kostet das Doppelzimmer. Die Männer sind skeptisch, in welchem Zustand diese sind. Ehrlich, Männer sind manchmal die schlimmeren Zicken! Aber nein, auch hier wieder Glück gehabt. Klein, sauber und bequeme Matratzen.

Abb. 20 Torla. Blick aus dem Fenster im Hostal.
Super, oder?

Bei der Beschreibung, wie man dort hinkommt, spreche ich mir bei der Auffahrt Mut zu.

Bloß beim links Abbiegen auf den Parkplatz vor dem Hostal nicht zögern, strikte Blickführung, am Gas bleiben. Sonst kippst du um. Und dann vor so vielen Menschen! Durch einen querenden Hund mit Frauchen verliere ich die Linie und mein Mantra und muss auf dem Stück anhalten. Mir stellen sich die Nackenhaare unter dem Helm hoch. Ich weiß, was George hinter mir jetzt denkt.

65

Nach 10 Jahren Beziehung kennt man den Anderen fast wie sich selbst. Geht alles gut. Und die Zimmer bieten einen Blick auf den Naturpark Odesa.

17. In Torla und Odesa Nationalpark (20 Kilometer).

Abb. 21 Brücke im Odesa Nationalpark

Samstag, 22.06.2019. So, ich habe heute den motorradfreien Tag, meine Handgelenke haben das verdient. Vielleicht schreibe ich mal ein Buch, „Motorradfahren trotz Rheuma". Ruedi erklärt mir, wie ich hochschalten kann, ohne die Kupplung zu ziehen. Okay, probiere ich mal aus. Aber nicht heute. Oder nie.

Die anderen wollen zwei Pässe fahren. Susanna wünscht sich den Col de Arbeost d' Aubisque, George den Col de Tourmalet, der berühmte Pass der Tour de France. In den letzten Jahren ist es ihm nicht gelungen, diesen zu überqueren, war jedes Mal wegen Schnee gesperrt. Es sollen wieder 300 Kilometer werden. Nein, danke ohne mich.

Ich werde in dieser wundervollen Gegend etwas spazieren. Torla ist das Eingangstor zum Nationalpark Odesa, der größtenteils nur zu Fuß zugänglich ist. In diesem Teil ist es das wichtigste Urlaubszentrum der Pyrenäen. Der höchste Berg ist der Monte Perdido mit 3355 Metern. Torla ist ein malerisches kleines Dorf mit schiefergedeckten Häusern, gepflasterten Straßen und Gässchen. Die Zufahrt zum Hostal ist ähnlich schmal wie die Kurverei vorgestern in Taranzona.

Die Restaurants und Bars befinden sich in Gewölbekellern, ein Haus trägt auf dem Torbogen die Jahreszahl 1902. Das Dorf duckt sich quasi unter die Hänge des *Mondarruego*. George war vor zwanzig Jahren schon mal mit seiner verstorbenen Frau hier. Da gab es nur ein einziges Hotel.

Als ich gerade vor der schwierigen Entscheidung stehe, ob ich mir die Nägel jetzt oder später lackiere, klopft es. Ich denke, es ist der Zimmerservice für die Betten zu richten, aber nein, es ist George.

„Die Stadt ist zu. Es findet ein Radrennen statt und vor 12 Uhr kommt keiner hier weg", sagt er. „Wir fahren jetzt zum Nationalpark hoch, kommst du mit?"

Na klar. Das ist doch was anderes, als 300 Kilometer und zwei Pässe nur für den Spaß zu fahren.

Die Straße endet nach zirka 10 Kilometern auf einem riesigen Parkplatz. Hier sind die Wanderer unterwegs, das Tal ist grandios. Wir laufen in Motorradklamotten eine Runde von einer Stunde, trinken einen Kaffee und fahren talwärts zurück. Ruedi möchte gerne in eine weitere Stichstraße fahren, die nach einem Kilometer in Schotter mündet. Nee, danke.

Nicht mit den Straßenreifen und nicht im Staub der Vorherfahrenden. Die beiden fahren weiter, ich drehe und will auf sie warten. Ist reizend hier am Fluss. Auf diesem Schotterstückchen herrscht reger Verkehr und beim Sitzen unter einem Baum werde ich immer wieder eingenebelt. Nach einer halben Stunde bin ich dann so angestaubt, dass ich den Rückweg antrete. Langsam gewöhne ich mich an die Auffahrt zum Hostal, Runterfahren ist leider schwieriger. Erstens ist scharf rechtsrum nicht mein Ding, zweitens liegen malerische Grenzsteine wie Bremsklötze an den Häusern, von denen Ruedi fast einen gerammt hätte. Den Eingang ins Dorf bei diesem Einbahnstraßengewirr zu finden, ist gar nicht so einfach.

Ich muss erst aus dem Ort rausfahren, um dann links wieder hoch in den Ortskern zu kommen. Nach zweimal Umdrehen habe ich es dann geschafft. Jetzt ist eine ausgiebige Siesta angebracht, danach treffen wir uns alle zum Essen in einem Kellerrestaurant. Das Menü für 14 Euro ist nicht teuer. Und wie immer gibt es dazu eine Flasche Wein. Auf Dauer wirkt sich das auf die Figur nicht günstig aus. Zuhause gibt es die Kanne Wein in der Regel nur sonntags.

Abb. 22 In Torla, Gasse zu unserem Hostal.

Abb. 23 Felsmassiv in der Nähe von Huesca, Aragon

18. Von Torla nach Vielha über den Tourmalet (278 Kilometer)

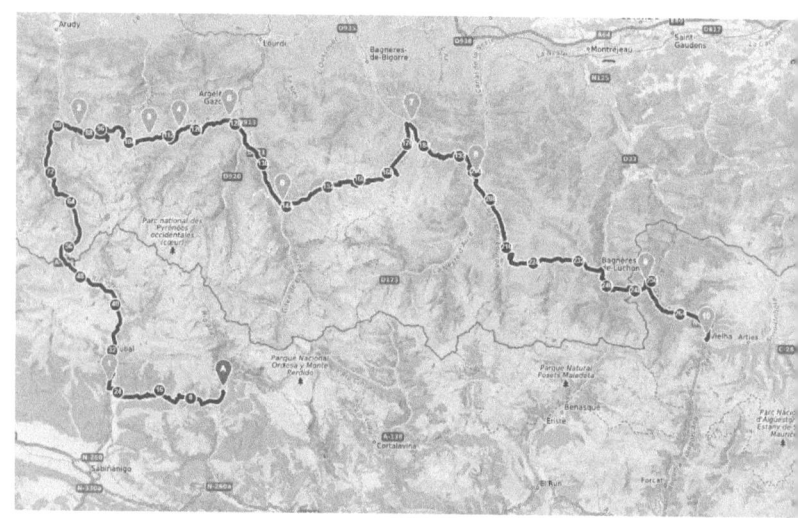

Die Stadt liegt im Val d'Aran, einem zentralen Pyrenäental etwa 120 Kilometer nördlich von Lleida am Oberlauf der Garonne und am Fuße des Maladeta- Massivs. (Quelle: Wikipedia).

Sonntag, 23.06.2019.

So, heute sind fünf Passfahrten in den Pyrenäen auf dem Programm. Col du Pourtalet, 1792 Meter. Col d'Aubisque, 1709 Meter. Col du Tourmalet, 2115 Meter. Col d'Assin, 1489 Meter. Col de Portillion, 1320 Meter.

Da es Sonntag ist, sind Franzosen und Spanier mit Fahrrädern, Wohnmobilen und sehr vielen PKWs ebenfalls unterwegs. Es ist ein ziemliches Gedränge. Die Radfahrer cruisen häufig nebeneinander und machen die Straßen nicht gerade breiter. Bei einer Pause treffen wir auf Gießener. Sie wohnen auf einem Zeltplatz und sind mit dem Auto in den Pyrenäen unterwegs. Kurzer Talk über Hessen und dass auf dem Tourmalet die Hölle los ist. Nun, wer hätte das gedacht ...!

Die Pässe sind mit riesigen Fahrradskulpturen den Radfahrern der Tour de France und allen Radfahrern überhaupt gewidmet. Auf dem Tourmalet knallt ein heftiger Wind, der die Gläser von den Tischen springen lässt. Radfahrer, wohin das Auge blickt. George feuert einen an, der ein Auto bergab überholen will. Obwohl er schreckensfrei in die Pedale tritt, schafft er es dann doch nicht.

Wahrscheinlich kriegen die bergab so ihre 100 Kilometer/h Geschwindigkeit hin. Respekt vor dieser Unerschrockenheit.

Abb. 24 Der Tourmalet: Denkmal für die Radfahrer

Wenn man sich da ablegt, OMG. (Oh mein Gott). Die vielen Kurven sind wieder eine Herausforderung für meine Handgelenke und es zieht jetzt bis in den Oberarm. Auch eine Blase unter dem rechten Mittelfinger macht sich bemerkbar. Dabei habe ich die Handschuhe schon etliche Jahre.

Der Wind hat was Gutes: Es ist nicht mehr so warm. In Europa bahnt sich nämlich eine Hitzewelle an. In St. Gallen in der Schweiz sind es heute 40 Grad. Da haben wir es im Süden mit 30 Grad ja besser. Muss man das jetzt verstehen?

Der Ort Vielha hat einiges an Geschichte zu bieten. Napoleon hielt die Region mehrere Jahre besetzt. Morgen ist in Spanien Feiertag, Don Juan. Es werden zahlreiche Böller losgeschossen, fast wie bei uns zu Sylvester.

19. Von Vielha nach Figueres (305 Kilometer)

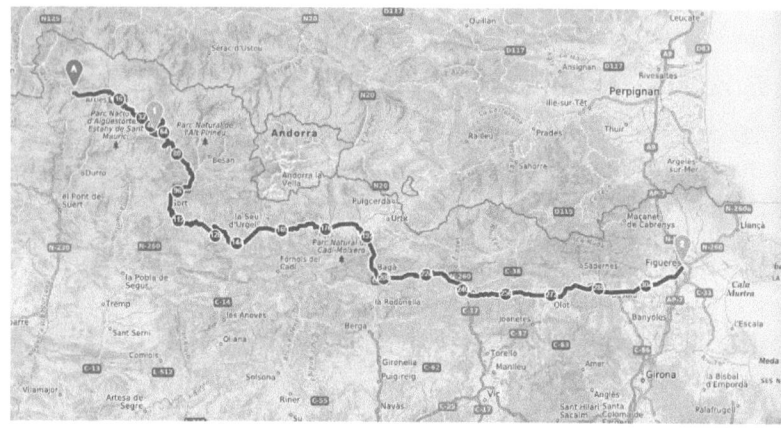

Montag, 24.06.2019. Der Urlaub nähert sich dem Ende zu. Das Dali Museum ist mein persönliches Highlight des Motorradtrips. Obwohl noch mehr Kilometer als gestern zu fahren sind, ist die Strecke übersichtlich. Und es geht zügig voran. Figueres ist eine Stadt in der Provinz Girona in der autonomen Region Katalonien, Spanien. Sie liegt an der Costa Brava, 28 m über dem Meeresspiegel an der Autobahn AP-7, hat 46.381 Einwohner (Stand 1. Januar 2018) und ist Hauptort des Alt Empordà.

Abb. 25 Der Cadillac, in dem es für einen 1 Euro regnet

Abb. 26 Das „Regentaxi" im Innenhof im Dali Museum

Das von Dalí zum Museum umgebaute Stadttheater Teatro Museo Salvador Dalí mit dem Torre Gorgot an der alten Stadtmauer ist eines der bestbesuchten Museen Spaniens. Salvador Felipe Jacinto Dalí i Domènech, ab 1982 Marqués de Púbol (* 11. Mai 1904 in Figueres, Katalonien; † 23. Januar 1989 ebenda), war ein spanischer Maler, Grafiker, Schriftsteller, Bildhauer und Bühnenbildner.

Als einer der Hauptvertreter des Surrealismus zählt er zu den bekanntesten Malern des 20. Jahrhunderts. Um das Jahr 1929 hatte Dalí seinen persönlichen Stil und sein Genre gefunden, die Welt des Unbewussten, die in Träumen erscheint. Offensichtlich waren es eher Halluzinationen. Schmelzende Uhren, Krücken und brennende Giraffen wurden zu Erkennungsmerkmalen in Dalís Malerei. Sein malerisches technisches Können erlaubte es ihm, seine Gemälde in einem altmeisterlichen Stil zu malen, der an den späteren Fotorealismus erinnert. (Quelle: Wikipedia). Angeblich war er ein Anhänger des Diktators Francisco Franco. Ich halte ihn für eine psychisch kranke und narzisstische Persönlichkeit, die nur durch den Einfluss seiner Frau und Muse Gala in der Realität und auf dem Boden der Tatsachen gehalten wurde. Sein berühmtestes Gemälde der zerfließenden Taschenuhren vor den Felsen des katalanischen Crap de Creus zeugt von viel Fantasie

Abb. 27 Dali Statue. Die Möwe zeigt keinen Respekt vor dem Künstler!

oder eher von nächtlicher Paranoia, die am Tage verarbeitet und bildhaft umgesetzt wurde? Genie und Wahnsinn – beides liegt oft nebeneinander.

20. In Figueres im Dalí Museum

Dienstag, 25.06.2019. Heute motorradfreier Tag bei warmen Temperaturen um 29 Grad schon um 10:00 Uhr morgens. George muss den Hinterreifen wechseln lassen, Ruedi ebenfalls, er sucht natürlich nach einer KTM Werkstatt. Aber der Betrieb in Perpignan hat erst am kommenden Freitag Zeit, deshalb fahren Ruedi und Susanna nach Girona, da klappt es heute noch. Mein Eindruck verfestigt sich, dass die französischen Werkstätten für Touristen nicht entgegenkommend sind. George bekommt hier in Figueres bei Suzuki, Fccha Albaran, Tel. 972 54 70 24, importcross@ctv.es, zwar nicht den gewünschten TKC 80, aber kauft dafür Vorder- und Hinterreifen von Michelin Anakee Wild, deren Profilquadrate aber gleich wie beim TKC 80 aussehen. Das Ganze für 269,19 Euro! Preiswerter Wechsel inklusive Montage und 10% Nachlass. Sehr freundlicher Service!

Wir treffen uns um 13:30 Uhr am Museum. Ich kaufe den Museumsführer in Deutsch, eine deutschsprachige Führung gibt es nicht. Schon von außen kann man sich vorstellen, was einen innen erwartet. Goldene Eier umgeben das Dach, seltsam verrenkte Skulpturen stehen vor dem Eingang.

Davor eine lange Schlange von Besuchern mit dem Begehr des Ticketerwerbs. Wir haben ein Ticket in unserem Hotel gebucht und bezahlt. Das funktioniert deutlich schneller!

Wer sich nicht für Kunst interessiert, bitte gleich weiterlesen unter TOP 21. Für Interessierte empfehle ich das Buch: „Dali", erschienen im Taschen Verlag:
https://www.taschen.com/pages/de/search/salvador-dali
hier werden seine Bilder mit den Sinnerläuterungen und Entstehungszeiten anschaulich dargestellt.

Das Museum mit 3 Etagen wurde laut Museumsführer im Einvernehmen mit der Stadt 1970 genehmigt, die Planungen begannen 1961. Das ehemalige Theater - gebaut 1848 – wurde umgestaltet, namhafte Architekten kreierten hier die

Dachkuppel und am 28.09.1974 fand die Einweihung statt.

Im ehemaligen Theatersaal steht ein Cadillac, in dessen Inneren beginnt es bei Einwurf von nur einem Euro zu regnen. So macht man mit Touristen Kasse.

Gleichzeitig spannt sich hoch oben über dem Schiff von Gala ein Regenschirm auf. Auf so eine Idee muss man erstmal kommen! Dalí hatte ein Faible für Lebensmittel (Brot) und Krücken. Der Innenhof ist in vielen Nischen umsäumt mit vergoldeten Schaufensterpuppen, die alle eine andere Körperhaltung zeigen. Man kommt aus dem Staunen nicht heraus.

Ihr müsst es euch unbedingt anschauen!

21. Nach Florac, Frankreich, über Millau

Mittwoch, 26.06.2019. Bisher sind wir knapp 5.000 Kilometer gefahren. Bis nachhause sind es nochmals 1300 Kilometer. Die Brücke auf der A75 wollen wir nicht nur befahren, sondern auch die Ausstellung dazu besuchen. Es ist warm, trotzdem laufen wir bis zum Aussichtspunkt auf die Schrägseilbrücke, Höhe 250 Meter, 2,46 Kilometer Länge, eröffnet nach dreijähriger Bauzeit in 2004.

Abb. 28 Die Brücke von Millau

Ein Informationszentrum zum Bau und Betrieb der Brücke, ein Verkaufspavillon und ein Restaurant stehen auf dem Rastplatz *Aire de Viaduc de Millau* zur Verfügung, von der Landstraße zu erreichen.

Nach der Besichtigung bin ich so nass geschwitzt, dass ich mir auf der Besuchertoilette kaltes Wasser über Kopf und Nacken kippe.

Weiter geht es nach Florac.
Das ist ein kleiner Ort mit knapp 2.000 Einwohnern und liegt im Zentrum der Cevennen. Er befindet sich am Fluss Tarnon im südlichen Zentralmassiv auf ca. 550 m Höhe ü. d. Meeresspiegel. Der höchste Berg der Cevennen, der Mont Lozère, liegt etwa 20 Kilometer nordöstlich von Florac. Bei Florac beginnt nach dem Zusammenfluss des Tarnon und des oberen Tarn das 40 Kilometer lange und tief eingeschnittene System der Gorges du Tarn. (Quelle: Wikipedia).

Unser Hotel hat einen großen Garten und einen Swimmingpool! Sehnsüchtig schiele ich nach dem Absteigen von der Maschine auf die badenden Gäste. Schnell abgeladen, in den Badeanzug gesprungen und in das kühle Nass gestürzt.

Es sind einige Deutsche im Hotel, wir unterhalten uns angeregt im Pool, während wir die Bahnen ziehen. Einfach genial!

Abends gehen wir essen und sitzen unter Platanen, freuen uns, dass es sich ein wenig abkühlt. Wohin jetzt als Nächstes? Susanna hat von der Messerstadt Thiers gehört und will ein Besteck für ihre Söhne kaufen. Okay. Liegt nicht direkt auf dem Rückweg. Aber wir Frauen sind wieder dran mit der Routenplanung. Der Weg ist es, der uns glücklich macht, nicht das Ziel!

22. Die Messerstadt – Thiers

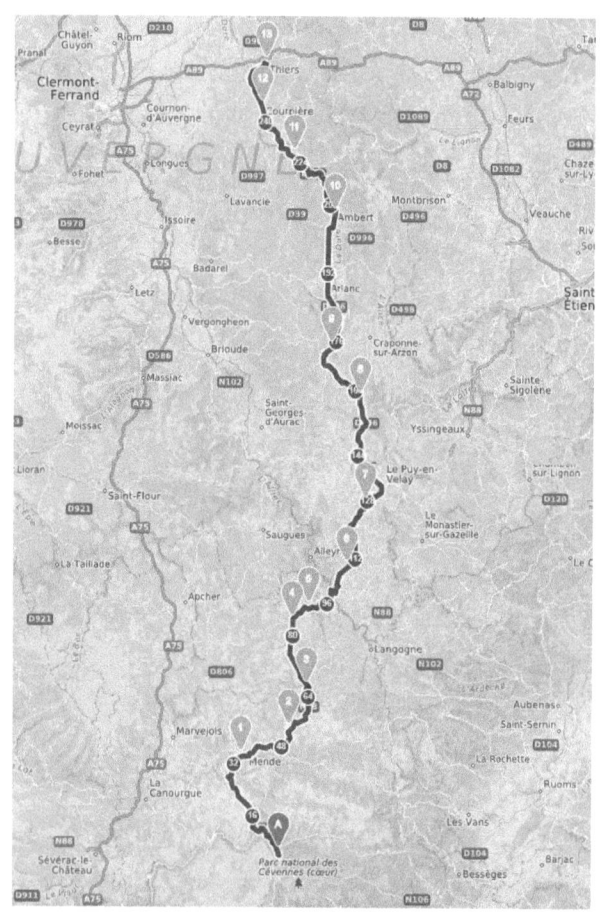

Donnerstag, 27.06.2019.

Die Blütezeit der Stadt mit knapp 12.000 Einwohnern begann mit der Messerschmiedekunst. Angeblich sollen Kreuzritter die Kunst aus dem Orient nach Frankreich gebracht haben. Die ersten Messerschmiede ließen sich nachweislich im 14. Jahrhundert hier nieder; sie nutzten das starke Gefälle der Durolle (Fluss, der durch die Stadt führt) für ihre Schmiedehämmer. Das Gewerbe brachte der Stadt rasch Ansehen und Reichtum. Ab dem 15. Jahrhundert wurden die Schmiedeerzeugnisse vor allem nach Spanien und Norditalien exportiert. Ende des 18. Jahrhunderts lebten etwa 10.000 und damit zwei Drittel der Einwohner vom Schmiedehandwerk. Heute sind etwa 5.000 Menschen in rund 300 handwerklichen Messerschmieden der Stadt, den Coutelleries, beschäftigt. (Quelle: Wikipedia)

Susanna kauft zwei Taschenmesser für ihre Söhne. Leider merkt sie zu spät, dass sie nicht in Thiers hergestellt wurden. Das heißt, ihre Söhne bemerken es nach dem Auspacken. „Made in China". Soweit zur originalen lokalen Herstellung von Markenartikeln. Produktion delegiert nach China. Nur die Preise sind französisch.

Doch lohnt sich ein Besuch der Stadt. Die verwinkelten kleinen Gässchen, das Restaurant mit einem Innenhof, geschmückt mit Skulpturen aus Holz, macht für mich den Umweg auf der Rückreise mehr als wett.

23. Zurück in die Schweiz und nach Hause.

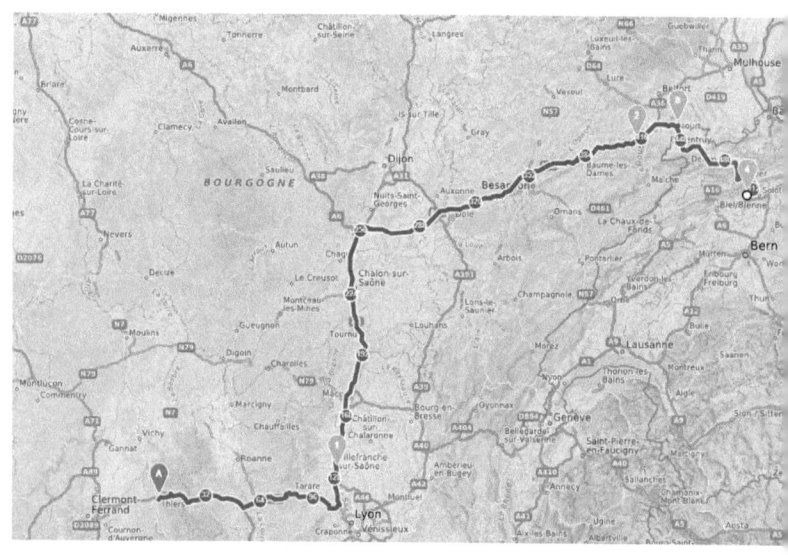

Freitag, 28.06.2019 und Samstag, 29.06.2019.
Der Urlaub neigt sich dem Ende zu. Es geht jetzt zügig voran, es wird immer wärmer. In Deutschland tobt eine Hitzewelle heran. Im Süden war es kühler, verrücktes Klima. Die freie Autobahn fährt sich unspektakulär, bis wir einer Raststelle von zwei Franzosen angesprochen werden, die nach einer Luftpumpe fragen. George runzelt die Stirn. Alles wieder aus dem Koffer ausräumen? Die Luftpumpe liegt ganz unten.

„Ach komm! Wir sind auch froh, wenn wir geholfen kriegen!" Sage ich. Die Luftpumpe wird gefunden und George geht mit den beiden zu ihrem Auto. Der rechte Hinterreifen wirkt ansehnlich flach. Erleichterte Gesichter, aber nur kurz. Ein wahnsinnig lauter Knall lässt uns erstaunt und fassungslos herumfahren. Die Wucht schmeißt die zwei Franzosen und George auf ihren Allerwertesten um. Tief beeindruckt betrachten sie ihr Werk. Der Reifen war wohl sehr kaputt, jetzt ist er völlig zerfetzt und die beiden haben ein wirkliches Problem.

Wer weiß, wie lange die schon mit dem defekten Reifen unterwegs waren! Mit dem Knall entlädt sich gleichzeitig dreckige pulvrige Luft, die alle Beteiligten einnebelt. George sieht im Gesicht ein bisschen dunkel verfärbt aus.

So berüchtigt wie seine Wutanfälle an Automaten und sich nicht öffnenden Schranken, so gefürchtet sind meine unkontrollierbaren Lachkrämpfe. Jetzt kommt einer, ich kriege mich überhaupt nicht mehr ein. So wird Hilfsbereitschaft sicher nicht gewürdigt.

Aber es ist so saukomisch! Nur die beiden Franzosen haben mein vollstes Mitleid. Aber bestimmt gibt es in Frankreich einen ADAC ähnlichen Hilfsverbund.

Ich lache, bis die Luftpumpe wieder im Koffer verstaut ist.

An der Schweizer Grenze wird es nochmal spannend. Wir haben keine Vignette. Fest überzeugt, dass wir über die Absperrung bis zur nächsten Bundesstraße keine benötigen, werden wir eines Besseren belehrt. Ich reihe mich hinter Ruedi ein, kein Grenzer zu sehen. Ruedi fährt weiter und ich hinterher. Da sehe ich den Grenzer aus dem Häuschen springen, im wahrsten Sinne des Wortes, eine Pfeife ertönt. Egal - weiterfahren, kann nur schlimmer werden.

Ich fahre langsam, warte auf George. Er kommt nicht. Tja, den letzten beißen die Hunde.

Schließlich halte ich an und fingere das Handy raus. George hat schon angerufen. Ich tippe auf Wahlwiederholung.

„Rehlein, die haben mich nicht reingelassen. Keine Autobahn, muss jetzt über Landstraße zurück. Wir treffen uns in Selzach!"

Okay. Wo ist Ruedi? Ich fahre weiter und entdecke die beiden an der nächsten Ausfahrt. Kurze Absprache, beide wirken nervös. „Lasst uns schnell weiterfahren und nicht hier rumstehen."

Susanna ist entsetzt. „Du bist einfach weitergefahren? Du musst an der Grenze anhalten, sonst kannst du erschossen werden!"

Ups. Deutsche an der Schweizer Grenze wegen fehlender Vignette erschossen? Das kommt mir jetzt übertrieben vor. Vielleicht lassen die mich jetzt nie wieder rein, aber wahrscheinlich haben sie kein Nummernschild vermerkt. Ist das Ganze wegen der Flüchtlingskrise so aufgeplustert? Eine Einreise von Frankreich in die Schweiz sollte doch kein ernsthaftes Problem sein, oder?

Ruedi nutzt die Route über die Landstraße durch winzige Seitentäler bis zum Weißenstein, ein Bergrücken des Schweizer Juras nördlich der Stadt Solothurn, er gilt als Hausberg dieser Stadt. Wir genießen einen Kaffee bei bestem Sonnenschein und treffen gegen Spätnachmittag in Selzach ein. Kurze Zeit später kommt George angefahren.

Abrödeln, Bier trinken, an den vergangenen Urlaub ohne nennenswerten Katastrophen denken.

Wenn ihr meine Reiseberichte aus Kirgistan und den letzten USA Trip durch Utah und Colorado auch lesen mögt, da ging es anders zu.

Wir freuen uns über Rezensionen, Fragen, Kritik und auch über Lob. Nordspanien ist ein empfehlenswertes Reiseziel, trotz langer Anreise. Versucht es!

Abb. 29 George und ich. Danke fürs Lesen!
Und die Linke zum Gruß.

24. Weitere Veröffentlichungen

Alle Bücher sind im Buchhandel und online bestellbar.

Geht das? In zwölf Tagen mit 3.530 gefahrenen Kilometern einige von Amerikas atemberaubenden Canyons sehen, einige für mich Wichtige, wie den Antelope Canyon im nördlichen Arizona, mit 700er, 800er BMW GS und Triumph Tiger XCx 800. Und zwar auf nicht auf Harleys, sondern abseits der normalen Pfade mit 70% Schotterstrecken auf Dirt Roads. Das verspricht der Veranstalter John Hax, Eigentümer von 106 Grad West Motocycle Adventure. Mit dabei: Bryn Davies als Redakteur von *Adventure Bike Rider*, dem britischen Magazin für Abenteuermotorradtouren. Und als zweiten Guide Benjamin York.

Unerwartete Schneeeinbrüche und Blizzards, Schlammpisten und Straßenüberflutungen ließen das Abenteuer spannender als erwartet werden und haben bei uns eine neue Sucht ausgelöst: USA und seine Canyons.

Wo ist das – Kirgistan?

Es liegt in Zentralasien an der chinesischen Grenze und ist umgeben von den anderen 'Stans': Usbekistan, Tadschikistan und Kasachstan. Die Silbe 'Stan' bedeutet 'Land'.

Warum nach Kirgistan? Die Begegnung mit einer fremden Kultur und Übernachtungen in Jurten waren ein unvergessliches Erlebnis. Das Gebirgs- und Gletscherland bot uns atemberaubende Aussichten. Der höchste Berg ist der Dschengisch Tschokuso mit 7439 Metern. Der größte Walnusswald der Welt ist hier beheimatet und der Issyk Kul ist der größte Hochgebirgssee der Erde! Kirgisien ist ein Rohdiamant, dessen Schönheit sich erst auf den zweiten Blick offenbart und ein Land, das mit Reichtümern nicht gesegnet ist.

Es braucht den Tourismus, und die Kirgisen bewirken alles, dass ihre Gäste sicher und erstklassig aufgehoben sind. Atemberaubende, schroffe Landschaften und die freundlichen und zugewandten Menschen ließen die Reise auf Yamaha Xts 600 und dem Schweizer Anbieter „MuzToo"zu cinem unvergesslichen Abenteuer abseits der gewohnten Touristenhochburgen in Europa werden, und entschädigten für staubige Schotterstrecken mit ihren Unwägbarkeiten.

Motorradfahren ist gefährlich. Das ist unbestreitbar, genauso wie Rauchen, Fallschirmspringen, Hornbach Projekte, im Extremfall sogar Hausarbeit. Im Laufe von zwanzig Jahren auf dem Motorrad haben sich diverse Erfahrungen auf meinem

Erinnerungstacho angesammelt. Skurriles, Komisches, Tragisches und Entbehrliches.

In 2012 begeisterte uns Rumänien durch die Freundlichkeit, die Aufbruchsstimmung im Land und die Fähigkeit der Rumänen, trotz des schweren Alltags mit einem Lächeln in die Welt zu sehen. Besonders beeindruckend: die LKW-Fahrer. Die bremsen nicht, die hupen!

Unsere Balkansucht begann hier. Länder für Aktivurlauber und El Dorado an Kurven. Im Zeichen der Flüchtlingskrise. Bulgarien bietet Bilder voller Gegensätze: Pferdekarren im dichten Stadtverkehr,

Marbie Stoner

Balkan & Bulgarien mit dem Motorrad

Für die, die mehr wissen wollen

Rinder, Schafe am Straßenrand, Prini- und Rilagebirge und die sanften Hügel der Rhodopen im Süden.

Meine Kurzgeschichtensammlung über die Tragiken des Alltags, über die man lieber nicht spricht, aber gerne liest und sich freut, dass es einen

nicht selbst getroffen hat.

Die Idee zu: „Assistentin des Sisyphus" wurde hier

geboren. Stellen Sie sich vor, Ihr Ehemann öffnet Ihnen die Türe, hat ein Messer im Bauch und riecht nach E605.

„Das Abwasser läuft in die Wand!", sagt er.

Madeira ist nichts für Anfänger!

Stellenweise Gefälle bis zu 40 %, Kurven, Kurven und nochmals Kurven. Steile Auf- und Abfahrten auf engsten Straßen. Nur bei Amazon als eBook und Kindle unlimited.

Marokko muss man erlebt haben! Reisebericht „Marokko mit dem Motorrad", auf eigene Faust in einer Kleingruppe. Etappen der Extreme: Berge, Pässe, Wüste und Küste in drei Wochen. Ohne Garmin und mit unzuverlässigen Landkarten.

Marbie Stoner

Marokko mit dem Motorrad

Eine Reise für
Unerschrockene

Katharina, Einzelgängerin, 29 Jahre und Motorradfahrerin, ist Krankenschwester mit einer - sagen wir – speziellen Persönlichkeit in ungewöhnlicher seelischer Landschaft.

In emotionaler Abhängigkeit steht sie unter dem Einfluss ihrer lesbischen Schwester Florentine, einer Staatsanwältin am Frankfurter Amtsgericht. Bei einer Tour in den Schweizer Bergen begegnet sie dem Mythos Sisyphus und lernt seine Deutung des Steineschiebens in einem Menschenleben kennen: Menschen dürfen durch die moderne Medizin nicht von ihrem Fels getrennt werden. Fortan bestimmt der Mythos ihr Denken und Handeln mit dem Ziel, den Menschen durch aktive Sterbehilfe wieder zu ihrem Stein zu verhelfen.

Plötzlich sterben Menschen in Katharinas Umfeld. Ihr Vater – verwahrlost im Finalzustand seiner Alkoholkrankheit – soll im Pflegeheim zum Ableben untergebracht werden. In dieser Situation lernt sie Christoph kennen. Auch er muss eine schwierige Entscheidung treffen. Seit einem Motorradunfall liegt seine Frau in einem Pflegeheim im Wachkoma. Er will, dass die lebensverlängernden Maßnahmen eingestellt werden, trifft allerdings auf massiven

Widerstand in der Pflegeeinrichtung. Nach der Lektüre denken Sie über eine Patientenverfügung nach. Garantiert.

Abseits der üblichen Pfade über Militärstraßen und Schotterstrecken. Eine viertägige Tour mit dem Enduropark Hechlingen im September 2015. Nur als ebook bei Amazon.

Vom Friaul zum Großglockner mit dem Motorrad

Marbie Stoner